내 손녀 然灯에게

열린시학 정형시집 ⓫
내 손녀 然灯에게

초판 1쇄 인쇄일 · 2005년 8월 10일
초판 1쇄 발행일 · 2005년 8월 22일

지은이 | 정완영
펴낸이 | 노정자
펴낸곳 | 도서출판 고요아침

출판 등록 2002년 8월 1일 제 1-3094호
120-814 서울시 서대문구 북가좌동 328-2 동화빌라 102호
전화 | 302-3194~5
팩스 | 302-3198
e-mail : goyoachim@hanmail.net

ISBN 89-91535-39-9(04810)

*지은이와 협의에 의해 인지는 생략합니다.
*잘못된 책은 교환해 드립니다.
*책 가격은 뒤표지에 있습니다.

ⓒ 정완영, 2005.

열린시학 정형시집 ⑪

내 손녀 然灯에게

정완영 시집

고요아침

■ 自序

　내 詩의 震源地는 늘 그리움이요, 외로움이요, 눈물겨움이었습니다. 언제나 이 돌림자(?)가 같은 자리로부터 지각이 흔들리고, 해일이 일어났습니다.

　그리움이 잊혀진 하늘가에 혼자 떠가는 낮달이었다면, 외로움은 지워지지 않는 땅에 세워 본 내 그림자였습니다. 눈물거움이란 어린 시절 내 고향 시냇물에서 맨손으로 건져 올린 한 마리 버들붕어 같은 것이라고나 할까요?

　아무러나 세월이 다 갔습니다. 지난날은 天翻覆地, 그 해일의 정점에서 시가 만들어졌었는데, 이제는 해일이 다녀간 자리, 썰물 나간 빈 자리에서 시가 나를 기다리고 있습니다.

　時調의 쇠북소리! 黃岳山 쇠북소리는 굴릴수록 무거운데 말입니다.

2005년 5월 勝花日
著者 합장

차례

自序

제1부 새해 새 아침에

새해 새 아침에	●14
연하장	●15
초봄	●16
백제의 새	●17
어머님 碑銘	●18
介子推의 봄	●19
庵子가 있는 풍경	●20
봄 풀처럼	●21
어머님 생각	●22
내 손녀 然灯에게	●23
우리집 마당	●24
봄이 찾아왔다는데	●25
上院寺 종소리	●26
목련꽃 바라보며	●27
봉두난발의 노래	●28
迎春 三題	●29
봄이 온들 뭘 할까만	●30

그래도 봄은 오네 ●31

꿀 따러 가세 ●32

세월의 흔적 ●33

金浦詩抄 1 ●34

金浦詩抄 2 ●35

金浦詩抄 3 ●36

제2부 비 젖은 날의 懷憶

감나무 그늘에 서면 ●38

北臺菴 다녀와서 ●39

당신의 비 ●40

바다의 울음 ●41

또 한번의 이별 ●42

성묘 길에서 ●43

능포리 선물 ●44

望月寺의 밤 ●45

능소화 ●46

비 젖은 날의 懷憶	●47
진초록 타는 날에	●48
푸름 가는 길	●49
가비야운 몸짓으로	●50
장마 갠 날	●51
일산에 내리는 비	●52
허전한 날에	●53
나는 깃발이 되고 싶다	●54
장마 비 갠 아침	●55
益山을 다녀와서	●56
春川 가는 길	●57

제3부 그리운 가을하늘

철새 떼 바라보며	●60
코스모스	●61
千江에 천의 달 그림자	●62
풍경	●63

虛行	●64
꽃의 적막	●65
黃落	●66
龍門寺 은행나무	●67
소양강 뱃길	●68
그리운 가을하늘 一品	●69
그리운 가을하늘 二品	●70
그리운 가을하늘 三品	●71
그리운 가을하늘 四品	●72
그리운 가을하늘 五品	●73
그리운 가을하늘 六品	●74
가을을 기다리며	●75
향수	●76
가을 素描	●77
가을에	●78
11월의 시	●79
三更雨	●80

가을 斷想 ●81
한가위 고향 ●82
忌日에 ●83

제4부 겨울밤에 쓰는 시

조그만 불빛 ●86
또 하나의 鐘銘 ●87
뜬눈으로 새운 불빛 ●88
황소 ●89
黃岳山 쇠북소리 ●90
미주 기행시초 1 ●91
미주 기행시초 2 ●92
미주 기행시초 3 ●93
이승의 풍경화 一品 ●94
이승의 풍경화 二品 ●95
이승의 풍경화 三品 ●96
이승의 풍경화 四品 ●97

겨울 빛	●98
겨울밤에 쓰는 시	●99
12월에	●100
겨울 가면 봄 오느니	●101
다시 思母曲	●102
雪山 앞에서	●103
終走	●104
尙州로 가는 길	●105

제5부 나 사는 이야기

시 쓰는 날	●108
이발을 하고	●109
구름 山房	●110
세월의 바다	●111
누이의 바다	●112
禮佛	●113
智異山歌	●114

엄마의 자리	●115
금강산 다녀와서	●116
백두산 다녀와서	●117
요즘 내가 바라보는 건	●118
나 사는 이야기	●119
微笑 二品	●120
두고 온 못물	●121
종각에서 만난 시인	●122
落齒	●123
상실의 노래	●124
정선 아리랑	●125
고향마을 다녀와서	●126
마라도에 와서	●127
새로 터를 다진다	●128

해설 | 진순애 ●129
전일체의 상상력, 그 감동의 울림 — 정완영론

제1부
새해 새 아침에

새해 새 아침에

회나무 높은 가지 새 아침이 밝아온다
쌀독에 쌀 고이듯 까치새가 앉아 울고
내 날이 다시 삼백에 예순다섯 날이로세.

연하장
― 乙酉년 새아침에

해맑은 카드 한 장이 너부죽이 절 바친다
여든일곱 해 살았으니 절 받은들 흠 될까만
공손히 두 손을 모아 나도 맞절 보낸다.

초봄

햇살은 보풀보풀 풀어내는 보푸라기
흙살은 흠씬 자고 눈 비비는 아기 속살
목련꽃 온다는 소문 온 골 안에 떠돌아.

백제의 새

오늘 아침 단장 이끌고 산길 걷다 바라보니
건너편 백제 도요지, 백제에서 돌아 온 새
천년 전 그 날의 봄빛도 곱더이다 전해준다.

어머님 碑銘

이제는 발을 담글 시냇물도 없는 고향
그래도 어머님 푸념 쑥잎처럼 돋아나고
이끼 낀 빗돌이 하나 무릎 짚고 일어선다.

介子推의 봄

숨어서 사는 이를 숨겨주어 고맙더니
부질없는 이 강산에 봄은 다시 찾아와서
介子推 어디로 가라고 복사꽃을 불지르나.

庵子가 있는 풍경

단청도 꽃피는 봄이면 잠이 들고 싶었는데
풍경도 달 밝은 가을밤 날아가고 싶었는데
대웅전 부처가 외로워 놓아주질 않습니다.

봄 풀처럼
― 당신 생각

눌러도 고개 드는 부드러운 봄 풀처럼
풀어진 버들가지 감겨드는 실비처럼
蒼山에 달 떨어지고 혼자 앉은 夜半처럼.

어머님 생각

살아생전 고향집 지키며 혼자 살던 어머니가
죽어서 산으로 돌아가 산에서도 혼자 사네
민들레 호롱불 켜놓고 봄밤 혼자 새우셨네.

내 손녀 然灯에게

내 손녀 然灯이가 느닷없이 나를 보고
산 좋고 물 좋은 마을에 할아버지 가서 살란다
그래야 휴가철이면 찾아 갈 집 저도 있단다.

그렇구나, 그리운 내 꿈도 산 너머에 살고 있구나
들찔레 새순 오르듯 하얀 구름 오르는 날
뻐꾸기 우는 마을에 나도 가서 살고 싶단다.

우리 집 마당

우리 집 안마당은 맷방석만하지만
밤이면 허리가 아픈 감나무 가지 끝에
할머니 손거울 같은 둥근 달이 놀러오지요.

우리 집 사랑마당도 손바닥만하지만
떠다놓은 세숫물만한 할아버지 연못 속에
한 마리 참붕어 같은 흰 구름이 놀러오지요.

봄이 찾아왔다는데

내 고향 금릉벌에 노고지리 우지지고
순금으로 빚은 햇살 민들레꽃 곱다는데
내 고향 안 갈 수 있나 봄이 찾아왔다는데.

경부선 고속열차 미역줄기 같은 바람
바람도 봄바람엔 철로길이 휜다는데
황악산 안 갈 수 있나 진초록이 핀다는데.

上院寺 종소리

오는 봄 게으르고, 가는 겨울 적막해도
상원사 종소리는 귀먹은 산 불러모아
미나리 새순 올리듯 봄빛 불러 올립니다.

강원도 오대산은 뿔이 모두 다섯 개를
뿔 중에도 다시 중대, 중대 위에 寂滅寶宮
낮 달도 종소리 머금고 새살이 차 오릅니다.

목련꽃 바라보며

부질없는 이 세상에 할 일 없이 내가 와서
무슨 시를 또 쓰려고 창문 열고 앉았는가
또 한 봄 찾아온 목련꽃 눈물 글썽 고이는가.

입김처럼 뽀얀 꽃이 안개처럼 젖은 꽃이
기척 없는 이 봄날에 하늘문을 열고 서서
붓끝을 또 다듬는가 구름 그려 보내는가.

봉두난발의 노래

신록도 풀어지고 나도 맥이 풀어지고
시답잖은 세상살이가 모두 흥이 풀어진 날
한 곡조 태평소 소리가 먼 산 숲을 일으킨다.

흐드러진 진초록에 흐드러진 꽃구름에
한 가락 피리 소리가 길을 잡는 이 봄날에
路馬여! 굽 놓지 말아, 봉두난발 흩지 말아.

迎春 三題

      光化門行

갯벌 같은 긴 삽동을 터널처럼 빠져나와
오늘은 光化門行, 몸을 실은 이 지하철
한강교 올라 설쯤엔 먼 道峯이 흔들린다.

      漢江水

結氷이 매화라면 解氷이야 또 난초 꽃
천리 길 한강수도 몸을 푸는 삼월이면
강물도 꽃대를 올린다. 난 향 흘러내린다.

      仁壽峯

백년도 못 산 나는 봄추위가 두려운데
억만년 살고서도 하늘 아래 의연한 너
仁壽峯, 자목련 한 송이 봄빛 열고 나선다.

봄이 온들 뭘 할까만

立春도 이미 지나고 내일 모래가 雨水인데
봄은 어디쯤 왔는가 내 고향에 와 있는가
아니면 추풍령 고개마루에 자리 깔고 앉았는가.

동구 밖 나와 서서 산모롱이 눈길 주며
오일장 보러 간 엄마 기다리는 소년처럼
나는 왜 기다려지는가, 이 봄 자꾸 설레는가.

春來不似春인데, 봄이 온들 뭘 할까만
장에 간 엄마 같은 봄, 또 한 봄은 기다려져
기찻길 돌아간 산굽이 두릅 순이 자꾸 오른다.

그래도 봄은 오네

세상일 한치 앞도 내다볼 수 없다지만
그래도 오는 봄을 막을 수야 없잖은가
찬바람 붕대를 푸는 꽃가지를 보더라도.

보슬보슬 보슬비소리가 유리창에 매달리고
따르릉! 전화벨소리가 수화기에 매달린다
그렇게 쥐죽은 듯이 눈을 감고 있더니만.

"할아버지! 할아버지! 봄 오면 꽃구경 가요"
"오냐 그러자꾸나! 꽃구경 가자꾸나!"
내 손녀 어여쁜 눈망울 꽃가지에 매달린다.

꿀 따러 가세

나는 애당초 꿀벌, 밀원 찾아가는 꿀벌
시조라는 촉기 하나로 採蜜하는 작은 일벌
여든 해 역사를 했더니 이젠 날개도 마사졌네.

서울살이 서른 해에 지치고 부대끼고
불개미 같은 세상 설자리가 전혀 없어
낯설은 山城마을로 分蜂하여 나앉았네.

죽지 않고 살았더니 강산에는 봄이 오고
강 건너 마을에도 흐드러진 풀꽃 소식
또 한 봄 여윈 몸 추슬러 꿀 따러나 가 볼거나.

세월의 흔적

그제는 부산에서, 어제는 익산에서
오늘은 미국에서까지 새해 안부 물어 왔느니
한 뙈기 채소밭만한 태평양이 너무 곱구나.

일전에 고향에 내려가 만나 본 옛 친구들
서로 닮은 인생살이에 서로 닮은 그 얼굴들
보리밭 이랑에 놓이는 햇살처럼 따뜻하더라.

눈물보다 고운 자리가 이 세상에 또 있던가
세월이 주고 간 이야기 서로 엮어가노라면
이마에 실리는 주름살 다시 봐도 싫지 않더라.

金浦詩抄 1

　　무료한 날

최재복 시인과 더불어 점심 한끼 같이 나눴다
그냥 한번 같이 만나 그냥 한번 점심 나눴다
구름도 김포 오일장 뒷짐지고 가는 날에.

　　김포 오일장

느릅나무 속잎이야 펴도 그만 안 펴도 그만
2, 7일 김포 오일장 서도 그만 안 서도 그만
뻐꾸기 바둑 돌 놓는데 제풀에 지쳐 눕는 저 산.

　　김포평야

흙 냄새 물 냄새에, 풀 냄새 바람 냄새
흰 구름 떨쳐입고 나도 한번 나서 볼거나
나래짓 주거니 받거니 백노 한 쌍 내려선 들.

金浦詩抄 2

  철새처럼

황사바람 막아 줄 산 하나 없는 김포평야
팔십 년 방황의 끝 철새처럼 내려 선 나
세월도 落齒를 했는가 텅 빈 들녘 허허롭다.

  들나물을 캐며

쑥이며 냉이 씀바귀 개울가의 돌미나리
그 옛날 어머니 생각 지천으로 돋은 나물
오늘은 구름도 採雲해 담아들고 갑니다.

  개구락지 있는 풍경

바람결에 실려온 물, 물에 실려오는 바람
개구락지 한 마리가 하늘 업고 놀고 있다
하늘도 물 속에 내려와 개구락지 업고 논다.

金浦詩抄 3

후박나무 꽃은 지고

후박나무 꽃 피었다 후박나무 꽃은 지고
어깨 처진 시인 하나 찾아왔다 돌아가고
오월은 그렇게 왔다가 그렇게만 가는구나.

김포벌에 놓는 바둑

구름도 심심하면 한 점 놓고 돌아가고
시인도 심심하면 한 점 놓고 돌아오고
풀과 꽃 바둑돌 아닌 게 김포벌엔 하나 없네.

노을에도 가 닿는 배

내가 외로운 날이면 김포벌이 배가 된다
기우뚱 저문 들녘, 사공은 늙었는데
이 배가 무슨 배길래 노을에도 가 닿는가.

제2부

비 젖은 날의 懷憶

감나무 그늘에 서면

감나무 그늘에 서면 마른 날에 옷 젖는다
뻐꾸기 울음소리가 산빛 자꾸 퍼다 붓고
자르륵 흐르는 햇살이 발목까지 차 오른다.

北臺菴 다녀와서

하늘을 기대 선 바위, 바위 기대 사는 암자
어제는 淸道 雲門寺 北臺菴을 다녀와서
오늘은 나도 北臺菴, 하늘 기대 앉았네라.

당신의 비

당신의 봉분 위에는 사시사철 비 내린다
오뉴월 장마철에도, 칠월 한낮 땡볕에도,
내 가슴 지적시는 비, 내 잔등을 때리는 비.

바다의 울음

수많은 피서객들이 몰려 왔다 몰려 가고
억천년 푸른 파도가 밀려 왔다 밀려 가고
바다는 이별만 남긴 채 외로워서 어찌 사는가.

또 한번의 이별

마지막 고별 강연을 마치고 돌아오는 날
고향 역 플랫홈 흔들리는 그 北行線
두 줄기 하얀 눈물을 철길 위에 싣고 왔었다.

성묘 길에서
― 당신 생각

쑥꾹새 울음소리가 자꾸 고이네요
靑山은 먹물을 풀고 산그늘만 고이네요
깊은 잠 다시는 못 깨고 옹이만 박히네요.

능포리 선물

이사를 갓 갔다면서 바쁘다는 '레지나'가
거제도 능포리 앞 바다 잔물결을 퍼서 담고
잔멸치, 잔주름까지 쓸어 담아 보내 왔더라.

望月寺의 밤

풍경 소리 떠나가면 절도 멀리 떠나가고
흐르는 물소리에 산은 감감 묻혔는데
적막이 혼자 둥글어 달을 밀어 올립니다.

능소화

부박한 세월이라 정 줄 곳이 없었는데
능소화 피는 아침 창문 열고 바라보니
절로는 손 모아집니다 세상 환히 빛납니다.

주황만도 아닌 꽃이 분홍만도 아닌 꽃이
우리들 사람들만 보라고도 안 핀 꽃이
하늘로 이어진 길목에 등불 내다 겁니다.

비 젖은 날의 懷憶

내 고향 경상도에서 경기도 김포까지
네 시간 못 미친 길인데 난 팔십 년 더 걸렸네
그 길이 하도나 아득해 유리창에 비 내리네.

비 젖은 유리창에는 온 세상이 얼비치네
인생은 하나의 迷路, 고향이야 한갓 懷疑,
불현듯 印畵된 세월이 주룩주룩 다 흐르네.

진초록 타는 날에

아무도 없는 법당 혼자 앉은 스님처럼
하루해 촛불처럼 타 흐르는 저 진초록
丹靑도 못 올릴 세월이 기척 없이 잦아든다.

이러지 말자해도 가물가물 해 저물고
저러지 말자해도 시나브로 꽃은 지고
改金도 못 올릴 시인이 古佛처럼 다 늙는다.

平昌 가는 길

강원도 평창 간다. 봉평장터 찾아간다
메밀꽃 만나러 간다. 이 효석 만나러 간다.
아니지! 그게 아니지, 나 만나러 내가 가지.

시름을 씨 뿌리면 메밀꽃이 되어 웃는
강원도 두메산골 하얀 구름 사는 마을
하늘 길 고추잠자리 하늘하늘 찾아간다.

가비야운 몸짓으로

세상 일 난장판 같고, 인심은 땡볕 같고,
길 가다 손바닥만한 나무그늘만 만나 봐도
고맙다 시름 다 잊은 채 한잠 자고 가고 싶다.

잠들어 꿈속에서는 무거운 짐 벗어 주고
조그만 고추잠자리 가비야운 몸짓으로
불붙은 나래짓 아득히 가물가물 뜨고 싶다.

장마 갠 날

지루한 장마 비 개고 내 안부를 물어 온 아우
친구도 흰 구름 한 자락 고향소식 전해 왔느니
오늘은 산과 물 하늘빛, 열두 대문 열고 섰구나.

친구는 여든에서 이미 세 고개 넘어 섰고
두 고개 넘어 가면 내 아우도 그 길 나그네
비 개고 너멋골 뻐꾸기 서로 울어 더 푸르구나.

일산에 내리는 비

아직도 이 세상에 날 반길 이 있었던가
흐르는 한강 대교, 가득 실린 강물 하며
그 강물 때리는 빗소리 내 가슴을 다 적신다.

김포서 내리는 비를 일산 까지 몰고 와서
잘 가꾼 호수공원 푸른 숲에 뿌려 주면
꺾어 든 파촛잎 같은 우산 받고 섰는 사람.

허전한 날에
― 致雲이 다녀갔다

키가 훤칠해 좋은 사람 致雲이 다녀갔다
손이 부처 손이라 절도 넙죽 잘 하는 사람
둘이서 길을 걸으면 서로 물든 그 致雲이.

오뉴월 나락밭에 한 발 접고 섰다가는
불어온 가을바람에 문득 놀라 날아오른
한 마리 두루미 같은 致雲이 다녀갔다.

나는 깃발이 되고 싶다

언제나 제주에 오면 나는 깃발이 되고 싶다
말 달려오는 바람, 지둥치며 오는 바람
파도를 말아 세우는 푸른 깃발이 되고 싶다.

억새꽃 일어서고, 동백꽃은 불똥 튀고
삼백 예순 오름들이 두드리는 큰북소리
하늘도 감아 흔드는 높은 깃발이 되고 싶다.

장마 비 갠 아침

장마 비 갠 아침은 바람결도 부드럽다
당신이 보낸 바람, 미역줄기 같은 바람
구름도 하늘을 닦으며 건널수록 눈부시다.

고추밭에 고추잠자리, 잠자리도 약올랐다
이런 날 하늘 밑창에 돌 한 덩이 던져볼까
불현듯 번지는 그리움 풍당! 하고 가 앉을까.

益山을 다녀와서

益山의 여인들

밀물로 들어와서 부서지던 하얀 포말
썰물로 나가 앉아 한 금 긋고 울던 파도
하룻날 益山의 여인들 날 적시는 바다였네.

격포 앞 바다

페리호 주저앉은 愁心만큼 깊은 바다
그 날의 앞 바다여! 가물가물 뜬 위도여!
세월은 물결에 실리고 갈매기는 지우고.

春川 가는 길

봄여름 다 보내면 산도 저리 늙는 걸까
흐르는 강물줄기 그도 울음 다 거둔 날
망막에 이끌리는 길, 경춘가도 외줄기 길.

산 안개 물 안개가 골골마다 젖어들어
차창에 기대앉아 나도 따라 젖노라면
이 길이 만리면 좋겠네, 천년이면 좋겠네.

염주도 잘 익으면 감은 눈을 뜬다는데
굴리는 내 사랑을 저 강물이 모를 거냐
사람아 목메지 말아, 강산 너도 울지 말아.

제3부

그리운 가을하늘

철새 떼 바라보며

그 옛날 우리 어머니는 기러기 떼 바라보며
"제 새끼 밥지어주려고 물 길으러 간다" 했었지
오늘도 허기진 하늘에 철새 떼는 떠나는데.

코스모스

미소보다 더 여린 꽃, 이별보다 아련한 꽃,
자꾸만 코스모스 고향 길이 가고 싶다
고향이 어딘지 몰라도 고향 길이 가고 싶다.

千江에 천의 달 그림자

푸른 산 바라보면 흰 터럭이 잘 비치고
고향 길 앞에 서면 긴 강물이 흔들린다
千江에 천의 달 그림자, 일렁이는 내 그림자.

풍경

눈감은 멧새를 닮은 풍경을 해 달았더니
하늘에 묻어 둔 별이 하나 둘씩 뜨는 밤은
만수향 향내를 사르며 산 숲 멀리 날아갑니다.

虛行

子午線 넘은 해님이 시름시름 앓는 날은
시청 앞 분수대 물줄기 白菊처럼 무너지고
시절도 오소소 추운가 뒷짐 지고 돌아간다.

꽃의 적막

이 세상 오기 전에 꽃은 어디 살았을까
낙화로 지고 말면 어디 가서 꽃은 살까
꽃보다 적막한 저 세상 별자리는 불러줄까.

黃落

저녁놀 그만해도 억새밭은 다 젖는데
내 앞을 가로막아 뚝! 떨어진 저 催告狀
무엇을 갚으라는 거냐? 돌려주고 가란 거냐.

龍門寺 은행나무

龍門寺 은행나무 서리 묻은 저 옷자락
어깨에 걸친 채로 곧추 서서 우는구나
우수수! 무너진 종소리, 벗어 내린 가사 섶.

소양강 뱃길

춘천서 양구까지가 백리 남짓한 뱃길인데
웬일로 이 뱃길이 하늘에도 가 닿는가
내 시름 따라온 갈대꽃 뱃머리에 흩어져.

그리운 가을하늘 一品

흐르는 구름결에, 단물 실린 저 숲 속에,
이 세상 어디에도 너는 있고 너는 없어
오늘도 그리운 하늘빛 산 너머에 퍼붓는다.

그리운 가을하늘 二品

비바람 다 보내고 번개 천둥 쏟아내고
하루 한 길씩을 높아 가는 가을 하늘
열두 발 상모를 돌려도 걸릴 곳이 하나 없네.

그리운 가을하늘 三品

사랑도 구만리 길, 이별도 구만리 길,
만약에 저 허공에 저 하늘이 없었다면
어디다 머리를 두고 나는 울 뻔했는가.

그리운 가을하늘 四品

억새꽃 달밤에서 기러기 눈물까지
이어진 하늘길이 구만리라 하데만은
흰 구름 한 장 더 보태면 하늘 길은 몇 만린가.

그리운 가을하늘 五品

저 푸른 하늘 아래 분꽃 같은 피를 쏟고
두 무릎 꺾고 앉아 울고라도 싶었는데
저녁놀 털빛에 적시며 돌아가는 贖罪羊.

그리운 가을하늘 六品

얼마를 퍼 올려야 네 가슴은 바닥날까
얼마를 퍼부어야 네 가슴은 넘쳐날까
사람아 길 묻지 말아 묻어둬야 구만리.

가을을 기다리며

어서 여름이 가고 가을이 왔으며 좋겠다
인간사, 칙칙한 나뭇잎 모두 벗어 돌려주고
해맑은 갈 하늘 한 자락 들어 올려보고 싶다.

나무들 긴 그림자, 나도 길게 누워보고
물먹은 별빛 하나가 추녀 끝에 실린 밤은
한 소절 풀벌레소리를 너랑 나눠 듣고 싶다.

향수

후두둑 굵은 빗발이 스치고 지나간 후
고삐 풀린 바람 한 줄기 수수밭을 흔드는가
높이 뜬 고추잠자리 하늘 들어 올리는가.

어스름 해질녘이 그리 좋던 그 시절은
들깻잎 진한 향수 눌어붙는 하늘가에
네 생각 노을에 젖던가, 이내 지고 말던가.

가을 素描
― 찻집이 있는 풍경

견지동 인사동 거리가 고즈넉한 遺蹟 같고
처연히 물든 가로수 선사시대 銅鏡 같네
가을비 한 주름 뿌리고 길 떠나간 오후 풍경.

차 한 잔 받아놓고 턱을 고인 길 나그네
천년을 내려다보는가 한 만년을 달래는가
입 다문 반가사유상, 일어설 줄 영 모르네.

가을에
― 광화문을 나가며

어제도 광화문 나가고 오늘도 또 나간다
天光地化, 저 光化門 철철 넘쳐흐르는 하늘
未堂은 이 좋은 가을날 뉘게 주고 떠났는가.

바람은 땅을 스치며 물 들이는 스란치마
구름은 하늘 이끌며 일렁이는 도포자락
지팡이 하나만 짚어도 우린 鶴일 수 있는 것을.

11월의 시

벌써 11월이네 햇살이 너무 엷어졌네
그래도 백금도가니 같은 해님은 타고 있고
한 덩이 잘 익은 모과로 내 이마에 얹혀 있네.

시월 상달 밝은 해님은 옛날 우리 할머니처럼
눈빛이 참 인자하네 속속들이 나를 비추네
저문 해 노 저어가듯 가물가물 서산 가네.

三更雨

孤雲은 가야에 들어 숨어 산다고도 하고
더러는 속리산 속에 신선 됐단 말도 있지만
그거야 가야면 어떻고, 신선이면 무엇하리.

세월이 천년을 흘러도 萬里心은 이어지고
잦아든 등불 아래 이 가을은 또 저물어
옛 시인 이제 시인이 서로 젖는 三更雨

가을 斷想

   등불

자정을 넘어시면 저 등불도 늙는 걸까
철 지난 꽃대처럼 잠 안 오는 밤을 지켜
까마득 지난 날들을 자꾸 되새깁니다.

   별빛

옷자락에 매달리는 풀벌레 울음소리
초저녁 하늘에는 콩꽃 같은 별이 뜨고
묻어둔 이야기들이 모두 떠오릅니다.

   혼자

혼자서 살면서도 혼자인 줄 몰랐더니
아무도 없는 고향 그 고향을 다녀와서
맥 놓고 앉아있는 밤 혼자인 걸 알았네.

한가위 고향

해님이 내려와서 지붕 위에 올라앉아
둥근 박이 된 마을이 내 가슴엔 늘 있고요
흰 구름 삼삼한 하늘에 달 가는 밤이 있습니다.

잠자리 나래 깃에도 다 실리는 고향하늘
그 누가 뭐랬을까 내 눈물도 실리고요
몽매에 사무쳐오는 우리 先山이 있습니다.

어머니가 죽어가서 九節草가 된 산자락
옷자락에 묻은 정이 구름결에 가 닿고요
불어도 꺼지지 않은 등불이 거기 있습니다.

忌日에

어제는 당신 4주기, 또 한 해가 흘러갔소
아이들 모두 모였다 말수 없이 흩어졌고
金浦로 이사 간다는 내 앞날도 宣布했소.

고향 동생, 부산 여동생 안부 전화 걸려오고
밤에는 적막한 등불 일찌감치 자리 깔고
누워서 황순원 '소나기' 심야 프로도 감상했소.

시냇물 외나무다리, 푸른 들녘, 앞산 뒷산
깨금발 뛰던 소년, 나비처럼 나는 소녀
흘러간 팔십 년 긴 세월 꿈속에 푹 젖었었소.

제4부
겨울밤에 쓰는 시

조그만 불빛

인생은 시장끼 같다고 늘 치부해 왔었는데
이 밤은 그게 아닐세 맨드라미 꽃빛깔일세
나 사는 조그만 소도시 익어 가는 밤 불빛일세.

또 하나의 鐘銘

나를 때리지 말아, 울리지는 더욱 말아,
울음 다 쏟고 나면 빈 껍질만 남을 것을
멧새도 청산을 떠나고 빈 둥지만 남을 것을.

뜬눈으로 새운 불빛

밤이 깊을수록 어둠은 단물 싣고
불빛은 간절할수록 뜬눈으로 새우느니
네 생각 누룩이 뜨는가 다질수록 술 익는다.

황소
― 또 하나의 자화상

발자국 가슴에 묻으며 뚜벅뚜벅 걸어 왔다
태산도 머리로 받으며 물러설 줄 몰랐거니
목에 건 풍경소리가 왜 눈물로 고이는가.

黃岳山 쇠북소리

일흔 고개, 여든 고개, 다 넘어선 아흔 고개
세월도 털이 빠지면 가벼울 줄 알았는데
황악산 쇠북소리는 굴릴수록 더 무겁다.

미주 기행시초 1
― 네바다 사막을 건너며

LA에서 네바다까지 熱砂의 길 일곱시간
하느님은 이 땅에다 무슨 씨앗 뿌리려고
침묵을 덮어두었는가 하늘 널어 말리는가.

미주 기행시초 2
— 아리조나를 간다

하늘에는 時空도 멎고, 해도 달도 엄청 크고,
사랑도 눈물도 회의도 숨을 땅이 전혀 없구나
말발굽 떠나간 大地여! 아리조나 카우보이여.

미주 기행시초 3
— 그랜드 캐년

이것은 무너진 천둥, 숨을 거둔 함성이다
하느님이 대지를 짓다가 큰 실수를 하였구나
높이 뜬 독수리 한 마리 무한 天空 도는 날에.

이승의 풍경화 —品
— 갈대 꽃

높푸른 하늘 길은 흰 구름이 열어주고
흐르는 강물 길은 들국화가 열어준다
환하게 밝혀든 갈대 꽃 열고 섰는 고향 길.

이승의 풍경화 二品
― 까치밥

하룻밤 자고 나면 하루만큼 높은 하늘
그 누가 하늘빛을 자꾸 들어올리는가
감나무 다 떨군 가지 끝 혼자 타는 감 한 톨.

이승의 풍경화 三品
―달밤

눈물은 참 둥글게, 탄식이야 더 둥글게
고향하늘 둥근 달은 누가 업고 갈 것인가
기러기 너도 모르고 나도 모를 저 長天.

이승의 풍경화 四品
― 가을하늘

하룻밤 자고 나면 하루만큼 높아지고,
또 하룻밤 자고 나면 또 하늘이 높아지고,
갈 하늘 흰 구름 밭이 들국화 같습니다.

구름 밭 그 너머엔 고향으로 가는 길이,
들국화 밭 그 너머엔 옛 마을로 가는 길이,
웬일로 하늘만 보면 길이 자꾸 보입니다.

겨울 빛

올해도 어느덧 立冬철, 눈 소식이 들리는 날
그렇게도 높아만 가던 하늘빛은 내려와서
이웃집 늙은이처럼 유리창을 기웃거린다.

고목나무 가지 끝에서 네 생각이 걸려있고
저문 산 갈피 갈피엔 먼 수심이 잠겼는데
차운 술 한 잔의 기도로 겨울 빛은 오고 있다.

겨울밤에 쓰는 시

천년을 땅 속 깊숙이 잠들었다 들켜 나온
눈도 코도 없는 항아리, 나는 그런 앉음새로
이런 밤 비워 둔 가슴에 술 담그고 싶으네.

진한 어둠 버무리고, 밝은 불빛 걸러 붓고,
미운 정 고운 정이 서로 익어 술이 괴면
한 백년 더 살고 싶으네, 가슴 단물 실리네.

12월에

봄 여름 가을까지를 다 거두어 돌아간 후
12월 바람 찬 들녘에 荒凉이 몸져누웠다
어디로 지향할 건가 불사르는 西天 노을.

팔십 년 방황의 끝 길은 여직 안 열리고
철새 떼 돌아간 자리 하늘 길도 묻혔는데
별 보고 점친들 알 건가 아 적막한 金浦평야.

겨울 가면 봄 오느니

돌아도 보지를 않고 또 한 해가 가는구나
여든 다섯 해 늙은 종지기 혼자 두고 가는구나
옛날엔 푸른 종 울리며 내가 너를 보냈는데.

묻지 말자 오고 가는 일, 맞고 또 보내는 일,
흐르는 시냇물 자락에 우린 잠시 손 담글 뿐
머물고 떠나는 이야기 저 강물에 묻지 말자.

다시 思母曲

어머님 생각만 하면 대낮에도 별 뜹니다
눈물로 꽃 피우고, 한숨으로 잎 지우고,
바늘귀 실 건너가듯 한 세상을 갔습니다.

어머님 생각만 하면 그믐밤도 달 뜹니다
징검다리 건너편이 저승인 줄 아셨는지
이웃집 나들이 가듯 아슴아슴 갔습니다.

雪山 앞에서

저렇게 고요한 함성이 어느 하늘에 숨었던가
두 손을 높이 흔들며 함박눈이 쏟아진다
이 세상 상처 난 자국 純白으로 덮어주며.

이레 밤 이레 낮을 나를 불구로 만든 폭설
히말라야 그보다 더 높은 저 준엄한 冠嶽雪山
햇빛은 민들레꽃밭 시방 정상에 앉아 논다.

온 세상 길이란 길들 丈雪 속에 묻어두고
만리에 인적 끊겨도 천둥처럼 사무친 것
사랑아! 화창한 봄날아! 맨발 벗고 오려무나.

終走

그제는 관악산 장군봉에 올라보고
오늘은 왼종일을 방에 들어박혀 있다
산 위에 올라도 그렇고, 누워봐도 그렇고.

장군봉이 높다해도 5백 미터 남짓이고
하루 해 지루해도 고작 24시간뿐,
그런데 왜 높다 하는가, 지루하다 하는가.

짧고도 덧없는 것이 인생이라 한다지만
행로는 너무 멀어 높고도 아득한 것
마지막 남은 한 바퀴 그 終走가 숨이 차다.

尙州로 가는 길

서리 묻은 달빛 같은 尙州三白 곶감상자
눈앞에 받아놓고 옛 시절을 더듬는다
달래도 잠 못 드는 정 인생이라 하던가.

상주는 내 세월의 初入에다 솥 붙인 땅
汝南 재 넘어서서 功城 靑里, 오가던 길
찍고 온 발자국마다 눈물 돌던 그 시절.

푸른 꿈 풋풋하던 낭자머리 그도 가고
세월도 다 갔는데 나만 혼자 여기 남아
눌러도 고개 드는 정 풀빛 돋듯 돋는다.

제5부

나 사는 이야기

시 쓰는 날

詩 말고는 이 세상에 마실 갈 집 다시 없네
하늘도 텅! 빈 채로 허공중에 걸려 있고
행길도 흘러 못 가는 강물처럼 누워 있고.

이발을 하고

더벅머리 그대로가 그냥 편한 俗이라서
삭발을 진작 못해 나는 僧이 못 되었네
흰머리 반만 깎아도 빈 하늘이 더 추워.

구름 山房

날아 온 우편물들 낙엽처럼 널려 있고
허름한 옷가지들 구름처럼 걸려 있고
이따금 전화 벨 소리가 山果처럼 떨어진다.

세월의 바다

아무리 퍼 쓰고 퍼 써도 남아 돌 줄 알았는데,
그것이 바닷물이요, 세월일 줄 알았는데,
갯벌만 질펀히 남긴 채 떠나가고 없는 바다.

누이의 바다

해운대 해수욕장은 내 누이 집 앞마당인데
고추보다 매운 가을을 혼자 널어 말리다가
밤이면 파도소리를 돌돌 말아 덮고 자더라.

禮佛

오색깃 딱따구리는 굽은 고목 두드리고
가사 장삼 늙은 스님은 둥근 목탁 두드리고
모른 체 할 수가 없어서 동산 위에 달이 뜬다.

智異山歌

누가 너를 賞주었나 누가 너를 罰주었나
구름 속에 반은 숨고 구름 밖에 반은 뜨고
허공에 매달린 鍾이여! 울도 못할 태산이여!

엄마의 자리
― 어느 시인의 이야기

강원도 文幕에서 어머니가 올라와서
다섯 자 외로운 삭신을 돌돌 말고 누웠는데
"엄마야 의치라도 꼽고 누워 계시라" 울었단다.

금강산 다녀와서

차라리 찾지 말고 구름 속에 묻어둘걸
한 사흘 다녀오니 가슴 이리 허전하다
꿈이란 꿈으로 두어야 더 아득할 저 금강산.

백두산 다녀와서

표고는 이천 칠백, 내 가슴엔 이만 칠천
백두산 천지 앞에 찍은 사진 가뭇하다
이 聖山 몇 만대 손인가, 안개 속에 다 묻혀.

요즘 내가 바라보는 건

요즘 내가 바라보는 건 고목나무 가지뿐이네
거길 봐야 고향이 보이고, 이 저승이 다 보이고
아득한 눈물의 곡간 밑창까지 환히 비치네.

나 사는 이야기

어제는 아침해 한나절 젊은 시인이 데려오고
오늘은 저녁 어스름 어느 行者가 두고 갔다
세월은 무늬 좋는 것, 씨줄 날줄 오가는 것.

시인은 나이가 어여뻐 깎아놓은 生栗 같고
行者는 佛心이 두터워 잘도 익은 濃酒인데
강물에 빈 배나 띄우며 난 노 젓는 사공이네.

微笑 二品

石窟庵 大佛

동해보다 넓은 이마 무릎 아래 접은 파도
꽃 지는 적막에는 이길 수가 다시없어
부처님 흘리신 미소가 눈썹까지 차 오른다.

雲住寺 石佛

천년도 참았거니 하루해를 못 참아서
복사꽃 같은 미소 오지랖을 다 적시나
코와 입 문드러지도록 봄을 웃고 나선 石佛

두고 온 못물
― 석촌호수에서

한 달포 석촌 호수 改修를 하다니만
쌍꺼풀 수술을 하고 무대에 선 배우처럼
어쩐지 예쁘긴 한데도 정이 가질 않습니다.

퐁당! 개구리 한 마리 뛰어들던 고향 못물
가슴에 정적을 안은 채 흔들리던 하얀 구름
사무친 하늘빛까지가 퐁당! 그립습니다.

종각에서 만난 시인

S시인이 다녀갔다. 작품 몇 편 보아 보냈다.
시간도 돈도 없고 외로움만 있는 사람
올해는 설움이라도 꽃이 되어 폈음 좋겠다.

종각 뒤 조그만 찻집은 호수처럼 조용했었다.
봄 앞에 나와 서 있는 겨울나무 같은 사람
목숨은 쇠북이라서 매달린 채 울지 못했다.

落齒

덜렁대는 치아를 두고 늘 심란했었는데
아침 밥상머리 나도 몰래 落齒가 됐다
落齒는 落城이던가, 성문 열고 앉았는가.

앞 뒤 산 열어두고 사립문도 열어두고
세월도 이 빠진 채로 혼자 사는 내 고향집
훔쳐갈 구름도 없는 집, 돌아가서 너랑 살거나.

상실의 노래

그 옛날 고향마을은 고목나무에 걸려 있었네
내가 띄운 가오리연도, 하늘가는 흰 구름도
해질 녘 나를 부르는 울 어머니 목소리도.

휘영청 둥근 달도 고목나무 가지 위에
북두칠성 별자리도 고목나무 가지 위에
새벽빛 동트는 하늘도 그 위에서 밝아왔었네.

가지에 걸어둔 노래는 비바람이 걷어가고
휘어진 고목나무는 먼 하늘이 데려가고
세월이 두고 간 그림자 저만 혼자 지쳐 누웠네.

정선 아리랑

이틀은 일산에서, 사흘은 또 서울에서,
한 닷새 連講을 했더니 늙은 몸이 파김치다
오늘은 낮잠을 불러 청산에나 기대 볼거나.

장마는 너무 지치고, 가뭄에는 목마르고,
심심 산골 물레방아는 물줄기만 입에 문 채
돌고 또 돌고 돌아도 속 타기는 매 한가지.

비 오면 비가 걱정, 날 가물면 가뭄 걱정,
강원도 정선 오일장 아우라지 뱃사공아
아리랑 고개 고개로 나를 넘겨주시게나.

고향마을 다녀와서

直指寺 인경소리가 먼 들녘을 헤매다가
끝내는 내 가슴 찾아와 떨어지던 고향마을
살구꽃 등 달던 마을도 내 소년도 이젠 없네.

바위도 가슴을 열고 기다리던 샘터에는
설친 잠 아낙네들 종종걸음 내 누이들
새벽달 건지러 안 오고 다들 어딜 갔는가.

눈감으면 그리움 한 줌 눈을 뜨면 적막 한 줌
목 꺾인 해바라기엔 기름 같은 눈물 한 줌
등잔불 꺼지면 어쩌나 잔을 붓고 돌아선다.

마라도에 와서

   섬

얼마나 외로웠으면 마라도여! 섬이 됐는가
하늘도 귀양 온 바다, 울도 담도 없는 내 집
그래도 不忘의 가슴에 풀꽃 피워 심고 살더라.

   바다

바다도 혼자 살기엔 그 물길이 하도 멀어
천애의 외딴 섬 하나 入養하여 같이 살더라
한 마음 허전한 날이면 동그랗게 孤線 긋고.

   갈매기에게

나는 제 시름 한 장을 접도 펴도 못하는데
갈매기야 너는 좋겠다 나래 한번 펼쳐들면
망망한 바다도 하늘도 한 품안에 안고 도느니.

새로 터를 다진다
―'시조세계' 창간에 즈음하여

지라산 한라산이 먼 발치에 산다지만
높고 푸르기야 백두산에 미칠 건가
'하늘물' 머리에 받들어 하늘에도 닿는 시름.

이 세상 학문이야 많기도 많다지만
높고도 푸르기야 국문학이 으뜸이라
상상봉 눌러 앉은 것, 그게 詩調 아닌가.

근원을 찾아들면 산과 들에 날빛 서고
눈물길 물어 가면 초목에도 젖는 사랑
칠백 년 외로운 종갓집 새로 터를 다진다.

■해설

전일체의 상상력, 그 감동의 울림
― 정완영론

진순애
(문학평론가)

1. 반성을 환기시키는 전일체의 상상력

현대는 감동의 시대도 아니고 전일체의 시대도 아니다. 분리된 시대이고 분열의 시대이며, 이질적인 시대이고 속도의 시대이다. 속도의 시대에 새로운 것의 생명도 순간으로 존속할 뿐이다. 순간으로 존속하는 새로운 것으로의 경도속에서 전일체의 상상력은 낡아서 혹은 탈시대적이어서 소외된 세계일 수 있다. 때문에 오히려 소외된 세계를 노래하는 전일체의 상상력이 낯선 새로움이며 감동을 환기시킨다는 역설이 성립하기도 한다. 그것은 단순히 새로움으로의 환기력이 아니라 생명으로의 환기력이라는 역설이다. 그러므로 이질적인 무감동의 노정에 정완영 시인의 "전일체의 상상력이 주는 감동의 진폭"은 그 울림이 깊지 않을 수 없다. 그것은 근원을 회고하게 하며, 합일로의 재생을 꿈꾸게 하는 생명적인 유인력이기 때문이다.

그 유인력은 생명과 영혼의 세계를 노래하는 전일체의 상상력에서 비롯될 뿐만 아니라, 시가(詩歌)장르인 시조시학의 현재화에서 비롯된다. 잃어버린 우리들의 근원에 대한 노래라는 사실이 감동의 진폭을 크게 하는 것이다. 잃어버린 우리들의 근원이며 현재 극복의 세계로서 봄여름가을겨울에 대한 노래이고, 계절적 존재였던 우리들의 원형을 반추시키는 우주적 세계에 대한 노래이다. 상실의 시대, 그리고 분리된 시대를 반추시키는 반성의 서정으로서 전일체의 상상력이다.

시집은 1부 〈새해 새 아침에〉, 2부 〈비 젖은 날의 懷憶〉, 3부 〈그리운 가을하늘〉, 4부 〈겨울밤에 쓰는 시〉, 5부 〈나 사는 이야기〉로 짜여져 있다. 시집을 구성하는 계절적 순서가 말해 주듯이 시집은 사계절을 노래하며, 5부의 〈나 사는 이야기〉 또한 이와 다르지 않음을 노래한다. 사계절과 합일된 현재진행형의 〈나 사는 이야기〉가 시인의 여정을 말하고 있다. 직유의 수사학을 비롯하여 은유의 수사학으로 직조된 사계절의 노래가 시인의 여정과 다르지 않은 것이다. 이렇듯 낯익은 우주만물일지라도 시인의 전일체적 상상력 속에서 새롭게 탄생하며, 소외되어 오히려 새로워진 우주만물이다. 때문에 봄여름가을겨울이라는 낯익은 질서의 배열이 낯선 질서로 살아나, 우리를 생동적인 감동의 세계로 유인한다.

2. 이율배반적 소생의 노래

봄의 문은 새해와 더불어 열린다. 비록 숫자가 지시하는 봄과 몸으로 살아나는 봄에 차이가 있을지라도, 숫자로 지시하는 새해 새 아침은 봄의 문을 여는 숫자이다. 그러므로 '새해 새 아침의 노래'는 '봄의 노래로서 소생의 노래'와 다르지 않다. 그러나 자연의 몸은 봄이 오면 변함없이 생명의 기운으로 소생할지라도, 노년의 몸으로 맞는 사람의 봄은 자연의 봄기운이 오히려 이율배반적 소생의 기운일 수 있다. 몸과 마음이 이율배반적 관계에 처한 노년의 몸이 맞이하는 봄이므로 그러하다.

> 회나무 높은 가지 새 아침이 밝아온다
> 쌀독에 쌀 고이듯 까치새가 앉아 울고
> 내 날이 다시 삼백에 예순다섯 날이로세.
> ―「새해 새 아침에」 전문

해가 뜨고 지는 일이란 하루라는 시간을 반복하는 우주의 질서이므로, 회나무 높은 가지에 아침이 밝아오는 일이 '새해 새 아침'에만 일어나는 일은 아니다. 그럼에도 또다시 새해 새 아침이 돌아와 '회나무 높은 가지'가 새롭게 포착되며, '아침이 밝아오는 일' 또한 '새 아침'으로 탄생한다는 새해의 숫자 앞에서 시인의 시선도 새로워진다. 그것은 '내 날이 다시 삼백예순다섯 날'이라는, 곧 일년 삼백육십오일을 다시 살아갈 수 있음을 기대하게 하는 '새해의 첫 날 아침'인 까닭일 것이다.

'쌀독에 쌀 고이듯 까치새가 앉아 우는' 새해의 아침으로 한 해를 시작하는 시인의 내면은 안정과 평화로움이다. 비록 쌀독에 쌀이 고여있지 않다 해도, 까치새의 울음소리는 비어 있는 쌀독에 대한 염려조차 불식시켜주며, 평화로운 한 해가 되리라는 기대를 가득하게 한다. 세상사의 불안조차 잠재우는 새해 아침의 까치새의 울음소리이며, 까치새의 울음소리를 '쌀독에 쌀 고이는 소리'로 환원하는 시인의 전일체적 상상력이 가져온 희망과 소생의 노래이다.

그러나 자연의 봄은 만물을 평등하게 소생시킬지라도, 인간의 봄은 소생에서 끝나지 않는다. 희망의 새해 새 아침이고 까치소리이며 삼백예순다섯 날이라는 새로운 한 해의 시간을 소생시킨 봄일지라도, 삼백예순다섯 날들의 세월을 또한 뒤로 하고 찾아온 봄이다. 그러므로 인간의 봄은 단순

한 소생이 아니라, 살아온 세월에 따른 이율배반적 소생이다. 이율배반적 노년의 봄이라는 시인의 겸허하면서 통찰적인 봄맞이 노래이다.

> 숨어서 사는 이를 숨겨주어 고맙더니
> 부질없는 이 강산에 봄은 다시 찾아와서
> 介子推 어디로 가라고 복사꽃을 불지르나.
> ―「介子推의 봄」전문

'숨어서 사는 시간대'인 겨울을 깨우고 봄은 다시 찾아와 '부질없는 내 마음도 불지른다'는 복사꽃으로 소생하는 봄 풍경이 아름답다. 특히 '숨어서 사는 개자추' 모티프에 '부질없는 봄'이라는 시인의 봄을 융합한 시선이 이율배반적이다. 숨어서 사는 이와 개자추와 부질없는 시인 마음과 복사꽃이 융합한 이율배반적 봄인 것이다. '숨어서 사는 이를 숨겨주어 고마운 겨울'은 가고, '복사꽃에 불타 죽을 수도 없는 개자추 어디로 가라고 복사꽃 불'은 피어오르는가 하고, 개자추의 봄을 노래한다. 혹은 '이 강산에 봄은 다시 찾아와서 내 마음에도 부질없이 봄'은 온다고, 곧 복사꽃 불을 따라 소생하는 시인의 마음과는 달리 노년의 몸을 확인시키는 이율배반적 소생의 봄노래이다.

비록 인간의 전일체적 상상력으로 소생의 봄처럼 소생의

마음을 환기할 수는 있으나, 순환하여 찾아온 봄의 몸과 인간의 몸이 동일할 수는 없다는 확인이다. 올해의 봄은 내년이면 다시 변함없이 소생하지만, 노년의 몸은 올 봄의 몸과 내년 봄의 몸이 같을 수는 없다. 그와 같은 이율배반적 차이를 확인시키며 동시에 불식시키는 전일체적 상상력이며, 궁극적으로는 자연적 존재로서의 인간에 대한 확인이다. 자연적 존재로서의 인간의 근원을 반추시키는 전일체적 상상력의 비극적이지만 감동적인 울림이다.

뿐만 아니라, "햇살은 보풀보풀 풀어내는 보푸라기"(「초봄」부분), "어머님 푸념 쑥잎처럼 돋아나고/ 이끼 낀 빗돌이 하나 무릎 짚고 일어선다."(「어머님 비석」부분), "들찔레 새순 오르듯 하얀 구름 오르는 날"(「내 손녀 연정에게」부분), "우리 집 안마당은 맷방석만하지만/ 밤이면 허리가 아픈 감나무 가지 끝에/ 할머니 손거울 같은 둥근 달이 놀러오지요.// 우리집 사랑마당도 손바닥만하지만/ 떠다놓은 세숫물만한 할아버지 연못 속에/ 한 마리 참붕어 같은 흰 구름이 놀러오지요."(「우리집 마당」전문), "경부선 고속열차 미역줄기 같은 바람/ 바람도 봄바람엔 철로길이 휜다는데"(「봄이 찾아왔다는데」부분), "시답잖은 세상살이가 모두 흥이 풀어진 날/ 한 곡조 태평소 소리가 먼 산 숲을 일으킨다"(「봉두난발의 노래」부분)처럼, 우주만물을 인간의 삶과 융합시키는 시인의 상상력을 직유 혹은 은유의 전일체적 수사학이 뒷받침한다.

3. 아이러니한 원색의 노래

 여름은 원색의 계절이다. 붉은 태양이 그러하고, 푸른 바다가 그러하며, 짙은 초록의 향연이 그러하다. 노동하는 자연의 모습으로서 원색의 계절이다. 자연뿐만 아니라 노동하는 존재로서 원색적인 자연의 인간이다. 우리는 여름의 노동을 통과하여 사색의 가을도 침묵의 겨울도 맞이한다. 씨 뿌리고 새싹 돋은 봄이 있어서 노동의 여름이 열리듯이, 노동의 여름이 있어서 자연이 가을로 겨울로 무르익어 간다.
 이와 같은 원색의 여름을 노래하는 자연의 무게에도 불구하고 시는 가볍게 승화되어 있다. 시인의 전일체적 상상력이 길어 올린 아이러니한 가벼움이며, 원색의 무게를 흰빛으로 반사시키는 여름의 아이러니한 힘이다.

> 시름을 씨 뿌리면 메밀꽃이 되어 웃는
> 강원도 두메산골 하얀 구름 사는 마을
> 하늘 길 고추잠자리 하늘하늘 찾아간다.
> ―「платё 가는 길」 2연

'시름을 씨 뿌리면 메밀꽃이 되어 웃는 강원도 두메산골 평창'에 하얀 구름만 살 수는 없는 일이다. 평창마을 사람들이 뿌린 시름의 씨앗이 하얀 구름 같은 메밀꽃이 되어 웃는 강원도 두메산골의 삶이란 세속적 인간의 삶이 아니라는 시인의 승화력이다. 시인의 승화력에 따라서 인간의 시름은 메밀꽃이 되었고, 구름이 되었고, 그래서 지상과 천상은 하나가 되었다. 지상과 천상이 하나 되어 사는 평창가는 길은 지상의 길이 아니라 하늘의 길이 되었고, 평창마을 사람들도 그리고 평창 찾아가는 사람들도 하늘의 길을 따라 날고 있는 고추잠자리가 되었다.

  시름의 노동은 더 이상 노동이 아니며 원색의 여름도 더 이상 원색으로만 머물지 않는다. 비록 빨간 고추잠자리가 하얀 구름의 두메산골을 원색화한다고 해도, 이미 흰 빛으로 승화되어버린 구름 사는 마을의 여름은 그 원색조차 하늘로 끌어올린다. 시인의 승화력이 환기시킨 가벼움이며, 여름의 아이러니가 반사시킨 흰 빛이다.

> 주황만도 아닌 꽃이 분홍만도 아닌 꽃이
> 우리들 사람들만 보라고도 안 핀 꽃이
> 하늘로 이어진 길목에 등불 내다 겁니다.
> ― 「능소화」 2연

태양의 계절 여름은 태양빛 아닌 다른 불빛을 무의미하게 하는 계절이다. 그럼에도 그 태양의 계절을 무색하게 하는 또 다른 자연의 불빛을 시인은 능소화에 두고 있다. '하늘로 이어진 길목에 등불'로 걸려있는 능소화가 저 혼자 여름을 밝히듯이 하늘 향해 오른다고 한다. 자연의 오묘한 이치가 생산한 여름의 아이러니는 원색의 태양빛을 숨죽이며 능소화의 불빛을 빛나게도 한다. '우리들 사람들만 보라고도 안 핀 꽃'이므로 하늘 향해 오르는 능소화의 자연빛을 환기시키는 시인의 상상력이다.

  뿐만 아니라, "뻐꾸기 울음소리가 산빛 자꾸 퍼다 붓고"(「감나무 그늘에 서면」 중장), "하루해 촛불처럼 타 흐르는 저 진초록"(「진초록 타는 날에」 중장), "말 달려오는 바람, 지둥치며 오는 바람/ 파도를 말아 세우는 푸른 깃발이 되고 싶다."(「나는 깃발이 되고 싶다」 중, 종장), "구름도 하늘을 닦으며 건널수록 눈부시다"(「장마 비 개인 아침」 중장)처럼, 전일체적 상상력으로 사람의 순수를 환기시키는 시인의 여름노래는 계속된다.

4. 탈욕망의 사색의 노래

  인간의 다양성은 변화로운 자연이 베푸는 자연의 질서에

서 비롯됨을 사색의 가을이 또한 환기시킨다. 원색의 계절이 어느덧 사색의 계절로 변해서 변화로운 인생을 노래하게 한다. 인간이 스스로 변화하는 것이 아니라, 계절이 변하므로 인간 또한 변화될 수밖에 없다. 원색의 노동을 잠재우고 사색의 노동으로 마음을 채우라는 자연의 가르침일 것이다. 이와 같이 자연의 순리를 따르는 정완영 시인의 시심이 욕망의 인간을 사색의 인간으로 변화시킨다.

> 子午線 넘은 해님이 시름시름 앓는 날은
> 시청 앞 분수대 물줄기 白菊처럼 무너지고
> 시절도 오소소 추운가 뒷짐 지고 돌아간다.
> ―「虛行」 전문

서산을 향해 '해님이 시름시름 앓는' 하루의 황혼처럼 가을의 해는 시름시름 앓는 일년이 넘어가는 황혼이다. 작열하는 여름의 태양빛과 다른 황혼의 가을빛이다. 가을 해가 시름시름 앓듯이, 그리고 '시청앞 분수대 물줄기 백국처럼 무너지듯' 가을의 인간도 무너져 내린다. 시드는 태양빛이 서러워서 시름시름 앓는 인간이고 시드는 세월이 서러워서 시름시름 앓는 가을의 인간이다. 가을의 인간을 사색으로 채우는 탈욕망의 가을은 삶의 행로가 허무한 행로임을 깨닫게 하는 것이다. 그러면서 또한 허무한 삶의 행로를 승화시키는 사색의 존재로서 인간임을 깨우치게 하는 탈욕망의 계절, 가을이다.

이처럼 정완영 시인의 전일체적 상상력은 자연에서 분리된 현대인을 다시 합일시키고 있어서, 인간의 질서가 자연 혹은 우주의 질서와 분리될 수 없음을 환기시킨다. 인공적이고 인위적인 문명인의 삶이 궁극적으로 이를 수밖에 없는 길은 곧 자연의 길이라는 것이다. 자연의 순리에서 멀어질수록 허행이 짙어질 것이라는 시인의 그리고 자연의 암묵적인 가르침이다. '시절도 오소소 춥고', '사람도 오소소 추운' 가을에 '뒷짐 지고 사색하는 계절'인 가을이 '시청 앞 분수대 물줄기 백국처럼 무너지듯' 무너져 내리고 있는 「허행」의 가르침이다.

> 시월 상달 밝은 해님은 옛날 우리 할머니처럼
> 눈빛이 참 인자하네 속속들이 나를 비추네
> 저문 해 노 저어가듯 가물가물 서산 가네.
> ―「11월의 시」 2연

11월은 인간이 가름해 놓은 가을이라는 숫자의 마지막 길목이다. 음력으로 가름한 가을은 양력 11월에도 '시월'이다. 그래서 '11월의 상달'이 아니라 '시월의 상달'이 '옛날 우리 할머니처럼 인자한 눈빛으로 속속들이 나를 비추는'

가을의 길이다. 할머니의 인자한 눈빛이 되어 속속들이 비추는 가을 해가 있어서 시인은 자신을 반추하고 할머니를 추억한다. 삶의 허무를 사색하며 시름시름 앓던 가을 해는 '서산 향해 가물가물 노 저어가듯' 저물어가면서, 지상의 시인을 하늘로 유인한다. 시인은 우주와 하나 되고, 우주로 향한 시인의 시선속에 할머니가 살아있고, 가을이 살아있다. "저 푸른 하늘 아래 분꽃 같은 피를 쏟고/ 두 무릎 꺾고 앉아 울고라도 싶었는데/ 저녁놀 털빛에 적시며 돌아가는 贖罪羊"(「그리운 가을하늘 五品」 전문)인 가을이 있어서 시인은 순수로 지상에 남는다.

순수로 남은 시인의 시심은 "우수수! 무너진 종소리, 벗어 내린 가사 섶."(「용문사 은행나무」 부분), "웬일로 이 뱃길이 하늘에도 가 닿는가"(「소양강 뱃길」 부분), "인간사, 칙칙한 나뭇잎 모두 벗어 돌려주고"(「가을을 기다리며」 부분), "물먹은 별빛 하나가 추녀 끝에 실린 밤은"(「가을을 기다리며」 부분), "초저녁 하늘에는 콩꽃 같은 별이 뜨고"(「가을 단상」 부분), "둥근 박이 된 마을이 내 가슴엔 늘 있고요"(「한가위 고향」 부분), "어머니가 죽어가서 九節草가 된 산자락/ 옷자락에 묻은 정이 구름결에 가 닿고요/ 불어도 꺼지지 않은 등불이 거기 있습니다."(「한가위 고향」 3연) 등으로 지상의 삶을 순수로 치장한다.

5. 무거운 침묵의 노래

 이제 사색의 계절도 지나서, 남은 것은 원색과 사색의 계절이 머무는 침묵의 계절이다. 침묵의 계절은 사색의 계절을 더 이상 지상에서 떠돌 수 없게 한다. 그러므로 원색과 사색으로 외출하는 시간은 침묵의 시간 속에서 말없이 내밀화한다. 자연도 침묵하고 인간도 침묵한다. 무거운 침묵의 노래로 침잠하게 하는 겨울이다.

> 일흔 고개, 여든 고개, 다 넘어선 아흔 고개
> 세월도 털이 빠지면 가벼울 줄 알았는데
> 황악산 쇠북소리는 굴릴수록 더 무겁다.
> ―「黃岳山 쇠북소리」 전문

 앙상한 가지로 남은 겨울나무의 헐벗은 몸과 앙상한 노년의 몸과는 달리 인간의 마음은 세월의 수치에 비례하여 침묵도 깊어진다. 말로 다 길어 올릴 수 없는 인간의 삶이듯이, 겨울의 깊은 침묵으로 깊어진 인간의 노년이다. '황악산 쇠북소리가 굴릴수록 더 무겁듯이' 그렇게 인간의 세월은 지나온 세월에 비례하여 무거워진다. 침묵의 무게로 혹은 익어가는 깊이로서.
 '일흔 고개, 여든 고개, 다 넘어선 아흔 고개'에 선 시인의 세월이므로, 황악산 쇠북소리보다 더 무거울 것이다. 비록 육신이 겨울나무의 앙상한 가벼움을 닮아있다고 해도, 이율배반적 인간의 세월은 무거운 내면으로 머물게 한다. '세월도 털이 빠지면 가벼울 줄 알았는데', 오히려 더 무거워진 노년인 것이다. 익을수록 무거워지는 벼의 무게처럼 혹은 못다한 이승에서의 반성적 행위처럼 회고하는 침묵의 노래는 앙상한 겨울의 몸과는 반대로 무거워진다.

무거운 침묵의 노래와 함께 겨울 빛은 깊을 수밖에 없다. 비록 "고목나무 가지 끝에 네 생각이 걸려있고/ 저문 산 갈피 갈피엔 먼 수심이 잠겼는데/ 차운 술 한 잔의 기도로 겨울 빛은 오고 있다."(「겨울 빛」 2연)는 지적처럼 '네 생각'으로, 그리고 '나의 수심'으로 무거워진 겨울 마음이며, '차운 술 한 잔의 기도'에 끌리는 반성의 노래로서 겨울의 노래인 것이다. "돌아도 보지를 않고 또 한 해가 가는구나/ 여든 다섯 해 늙은 종지기 혼자 두고 가는구나/ 옛날엔 푸른 종 울리며 내가 너를 보냈는데."(「겨울 가면 봄 오느니」 1연)처럼, 옛날과는 달리 이제는 아쉬움을 남기고 되돌아 올 수 없게 가는 겨울 해이므로, 겨울에 불러야만 하는 무거운 반성의 노래이다.

때문에 시인의 '사는 이야기'는 겨울에 하는 이야기가 아니어도 겨울과 다르지 않다.

> 詩 말고는 이 세상에 마실 갈 집 다시 없네
> 하늘도 텅! 빈 채로 허공중에 걸려 있고
> 행길도 흘러 못 가는 강물처럼 누워 있고.
> ―「시 쓰는 날」 전문

'시 말고는 이 세상에 마실 갈 집 다시 없는' 시인의 일상은 빈 채로 허공중에 걸려 있는 하늘처럼, 혹은 흐르지 않는 강물처럼 누워있는 행길처럼 상상력으로 움직일 수 있을 뿐이다.

> 아무리 퍼 쓰고 퍼 써도 남아 돌 줄 알았는데,
> 그것이 바닷물이요, 세월일 줄 알았는데,
> 갯벌만 질펀히 남긴 채 떠나가고 없는 바다.
> ―「세월의 바다」 전문

'갯벌만 질펀히 남긴 채 떠나가고 없는 바다'처럼 시인의 세월도 이제 그 바다와 다르지 않다. '아무리 퍼 쓰고 퍼 써도 남아 돌 것이라고 생각했던 세월'은 이제 떠나가고 앙상하게 여윈 뼈만 남겨놓았다.

때문에 상상력으로 흐르는 시인의 세월은 앉아서도 '이 저승'이 다 보이는 경지에 이르렀다.

> 요즘 내가 바라보는 건 고목나무 가지뿐이네
> 거길 봐야 고향이 보이고, 이 저승이 다 보이고

아득한 눈물이 곡간 밑창까지 환히 비치네.
―「요즘 내가 바라보는 건」 전문

'이 저승'이 다 보이는 고목나무 가지를 바라보는 시인의 눈물에 고이는 눈물이 시인의 '한 세상 살아온 이야기'를 함축한다.

이처럼 자연으로 있는 정완영 시인의 '나 사는 이야기'는 자연을 노래하며, 자연의 인간을 노래하고, 자연으로 사는 시인의 이야기를 노래한다. 도취의 노래가 아니라 우리를 반성의 자아로 유인하는 환기력의 노래이다. 자연적 존재로서 한계적일 수밖에 없는 인간의 존재성을 확인시키며, 동시에 그 한계초월의 세계를 열어놓은 전일체적 상상력이 울리는 깊은 감동의 세계이다.